Valérie Duclos

Mes lasagnes

Photographies de Guillaume Czerw

Stylisme de Virginie Michelin

Remerciements de Virginie Michelin
Merci à Alice Délice pour les cocottes
(www.alicedelice.com)

ISBN : 978-2-7540-2245-3
Dépôt légal : 1er trimestre 2011
Imprimé en France par Pollina - L55595
Photos © Guillaume Czerw
Direction éditoriale : Aurélie Starckmann
Édition : Audrey Bernard
Conception graphique : Istria
Pictogramme © Pascale Etchecopar

Éditions First-Gründ
60, rue Mazarine
75006 Paris – France
e-mail : firstinfo@efirst.com
Site internet : www.editionsfirst.fr

Sommaire

Introduction

Pour vous faire chanter toute l'année, pour vous emmener au cœur de l'Italie sans bouger de votre cuisine, voici 50 recettes qui feront le bonheur de toute la famille. Rapides, faciles, bon marché (à quelques exceptions festives près), les lasagnes ont tout bon !

Il en existe plusieurs variétés : sèches, fraîches, faites maison, à vous de choisir. Parmi celles du commerce, à mon goût, les lasagnes des épiceries italiennes tiennent le haut du pavé. On y trouve aussi des pâtes à lasagnes de couleur et/ou parfumées. Une jolie manière de rajouter de la couleur dans l'assiette ! Les lasagnes fraîches des grandes surfaces sont faciles à trouver et donnent un résultat appréciable. Et, si on a du temps, les lasagnes maison sont parfaites ! On peut en plus les colorer et en varier les formes (poisson, carré, triangles...).

La recette des lasagnes maison

préparation : 10 min • repos : 30 min • cuisson : 3 à 5 min • pour 4 personnes

1 saladier - 1 spatule - 1 rouleau ou 1 machine à pâtes

3 œufs - 400 g de farine - 1 c. à s. d'huile d'olive - 1 c. à c. de sel

Dans un saladier, versez la farine en faisant un puits au milieu. Cassez les œufs dans le creux. Ajoutez 2 ou 3 cuillerées à soupe d'eau tiède salée et l'huile d'olive. Rassemblez les ingrédients avec une cuillère en bois ou du bout des doigts, la pâte doit rester souple au toucher. Roulez la pâte en boule et laissez-la reposer 30 minutes.

Sur un plan de travail légèrement fariné, étalez la pâte au rouleau très finement ou utilisez une machine à pâtes. À l'aide d'un couteau, coupez des bandes carrées ou rectangulaires, selon la taille de votre plat.

Plongez les lasagnes dans une casserole d'eau bouillante salée. Faites-les cuire 3 à 5 minutes selon l'épaisseur. Égouttez-les, passez-les sous l'eau froide pour stopper la cuisson et posez-les sur un linge propre sans les superposer.

Le montage

Beurrez (ou graissez avec de l'huile d'olive) un plat à gratin. Mettez une couche de feuilles de lasagne précuites, puis un voile de béchamel et une couche de farce (aux légumes, à la viande, etc.).
Vous pouvez, entre chaque strate, intercaler des feuilles de basilic, une couche de fromage à gratiner (gruyère, parmesan, etc.)... Réitérez l'opération jusqu'à épuisement des ingrédients, en terminant par une fine couche de béchamel, des noisettes de beurre et du parmesan. Laissez gratiner au four jusqu'à l'obtention d'une jolie couleur dorée. Attendez 5 minutes avant de servir (sous peine de vous brûler !).

La sauce Béchamel

préparation : 5 min • cuisson : 2 min • pour 50 cl de sauce

1 casserole - 1 spatule - 1 fouet

40 g de beurre - 40 g de farine - 50 cl de lait - 2 pincées de noix muscade (facultatif) - sel - poivre du moulin

Faites fondre le beurre sur feu doux (ou au micro-ondes, 1 minute). Ajoutez ensuite la farine délicatement en mélangeant avec une cuillère en bois. Versez le lait bouillant, mélangez avec la cuillère ou un fouet. Laissez épaissir en remuant régulièrement. Salez, poivrez, ajoutez la muscade râpée, puis mélangez. C'est prêt.
Variantes : remplacez la béchamel par un mélange de fromage blanc à 0 % et de crème fraîche liquide allégée (pour une version light) ou par du mascarpone mélangé, par exemple, avec du gorgonzola ; ou encore par de la crème fraîche légère avec du parmesan râpé...

La sauce tomate comme en Italie

préparation : 10 min • cuisson : 10 min • pour 4 personnes

1 casserole - 1 spatule

500 g de tomates pelées et concassées - 1 oignon - 1 gousse d'ail - 2 c. à s. d'huile d'olive - 6 feuilles de basilic - sel

Faites chauffer l'huile d'olive avec l'ail épluché et haché, ajoutez l'oignon épluché et émincé, faites revenir quelques minutes sur feu vif en remuant délicatement. Versez les tomates concassées et 4 feuilles de basilic émincées, salez. Faites réduire sur feu vif en remuant régulièrement pour éviter que la sauce attache au fond de la casserole. Salez si nécessaire, ajoutez le reste de basilic.

Lasagnes à la bolognaise

bon marché • facile à réaliser • préparation : 30 min • cuisson : 1 h 05 • pour 4 personnes

1 plat à gratin
1 cocotte
1 poêle
1 casserole
1 torchon

- 8 feuilles de lasagne fraîches
- 250 g de bœuf haché
- 150 g de chair à saucisse
- 1 boîte de tomates pelées ou en dés (400 g)
- 40 cl de purée de tomates
- 50 cl de béchamel (recette p. 5)
- 1 oignon
- 1 carotte
- 1 branche de céleri
- 60 g de parmesan
- 2 cuil. à soupe d'huile d'olive
- 2 branches de basilic frais
- 1 noix de beurre
- sel - poivre du moulin

1. Lavez et hachez finement l'oignon, la carotte et la branche de céleri (sans les feuilles).
Versez une cuillerée à soupe d'huile d'olive dans une cocotte, déposez la moitié du mélange de légumes et les tomates pelées. Salez, poivrez et laissez cuire 10 minutes à feu doux.

2. Ajoutez les feuilles de céleri et les branches de basilic, attachées en bouquet. Poursuivez la cuisson 5 minutes. Faites cuire les lasagnes 3 minutes dans de l'eau bouillante salée. Égouttez-les et déposez-les sur un torchon propre. Préchauffez le four à 200 °C (th. 6-7).

3. Dans une poêle, faites cuire le reste de légumes hachés et la chair à saucisse dans 1 cuillerée à soupe d'huile d'olive. Mélangez et laissez cuire 5 minutes. Ajoutez ensuite le bœuf haché et la purée de tomates. Poursuivez la cuisson 10 minutes.

4. Beurrez le plat puis déposez 2 feuilles de lasagne dans le fond, recouvrez avec une couche de sauce tomate, une de viande, une de béchamel et répétez l'opération pour terminer par 2 feuilles de lasagne et de la sauce Béchamel. Saupoudrez de parmesan et enfournez pour 35 minutes. Servez bien chaud avec une salade de mesclun aromatisée au vinaigre balsamique.

variante

Remplacez le parmesan par de la mozzarella découpée en petits morceaux. Dans ce cas, ajoutez-la seulement 5 minutes avant la fin de la cuisson du plat.

truc de cuisinier

Ajoutez quelques feuilles de basilic entre chaque strate de lasagnes.

Lasagnes à la provençale

coût moyen • facile à réaliser • préparation : 30 min • cuisson : 1 h 20 • pour 4 personnes

1 plat à gratin
1 sauteuse
1 casserole
1 torchon

8 feuilles de lasagne fraîches
400 g de sauté de veau
400 g de tomates pelées
2 gousses d'ail
2 oignons
100 g de parmesan râpé
15 cl de vin blanc
2 cuil. à soupe d'huile d'olive
50 cl de béchamel (recette p. 5)
1 noix de beurre
sel - poivre du moulin

1 Faites chauffer l'huile d'olive dans une sauteuse, ajoutez les oignons et l'ail épluchés et émincés puis la viande de veau découpée en petits morceaux. Laissez dorer 20 minutes tout en remuant régulièrement.

2 Ajoutez les tomates pelées et le vin blanc, salez, poivrez puis laissez revenir encore 20 minutes à feu moyen. Faites cuire les feuilles de lasagne 3 minutes dans une grande casserole d'eau bouillante salée. Égouttez-les et déposez-les sur un torchon propre. Préchauffez le four à 200 °C (th. 6-7).

3 Montez les lasagnes : beurrez un plat à gratin, déposez 2 feuilles de lasagne puis une fine couche de sauce Béchamel et un tiers du sauté de veau à la tomate.

4 Poursuivez l'opération pour terminer par 2 feuilles de lasagne et un peu de sauce Béchamel. Saupoudrez de parmesan râpé et enfournez pour 30 à 40 minutes de cuisson. Servez bien chaud.

variante

Il existe des tomates en dés dans les magasins de surgelés. C'est très pratique… et savoureux !

truc de cuisinier

C'est un bon petit plat du lendemain en utilisant les restes d'un sauté de veau provençal.

Lasagnes chic

coût un peu élevé • facile à réaliser • préparation : 45 min • cuisson : 12 min • pour 4 personnes

2 poêles
2 casseroles
1 torchon

8 feuilles de lasagne fraîches
16 belles langoustines
400 g de petites girolles
2 échalotes
6 brins de ciboulette
3 c. à s. de crème fraîche
1 pincée de curry
30 g de beurre
2 c. à s. d'huile d'olive
sel - poivre du moulin

1 Décortiquez les langoustines. Réservez-les dans une assiette au frais. Faites cuire les lasagnes 3 minutes dans de l'eau bouillante salée, égouttez-les et réservez-les sur un torchon propre.

2 Coupez la base des girolles. Brossez les champignons. Faites revenir les échalotes pelées et hachées dans 1 cuillerée à soupe d'huile d'olive pendant 3-4 minutes.
Ajoutez les girolles. Faites-les sauter jusqu'à totale évaporation de l'eau. Ajoutez 20 g de beurre. Laissez dorer. Salez, poivrez puis réservez.

3 Faites chauffer dans une poêle le reste de beurre et d'huile. Mettez-y les queues de langoustines. Salez, poivrez et ajoutez le curry. Faites-les cuire, sur feu vif, pendant 1 à 2 minutes en les retournant délicatement.

4 Portez la crème à ébullition. Salez, poivrez et ajoutez 2 brins de ciboulette ciselée.
Dressez 4 assiettes avec 1 feuille de lasagne recouverte d'une épaisseur de girolles poêlées et d'une épaisseur de langoustines dorées. Arrosez de crème à la ciboulette et recouvrez d'1 feuille de lasagne. Terminez par 1 ou 2 girolles et 1 brin de ciboulette entier. Servez aussitôt.

variante

Vous pouvez utiliser des langoustines surgelées déjà décortiquées pour gagner du temps.

truc de cuisinier

Décorez le dessus des lasagnes individuelles avec la tête de la langoustine revenue dans une poêle avec un peu de beurre.

Lasagnes thaï

bon marché • facile à réaliser • préparation : 20 min • cuisson : 30 min • pour 4 personnes

1 plat à gratin
1 sauteuse
2 casseroles
1 torchon

8 feuilles de lasagne fraîches
2 pavés de saumon
200 g de crevettes roses cuites
18 cl de lait de coco
12 cl de crème fraîche liquide
1 échalote
2 tomates
3 cuil. à café de curry
100 g de gruyère râpé
1 cuil. à soupe d'huile d'olive

1 Préchauffez le four à 200 °C (th. 6-7). Épluchez et émincez l'échalote. Faites-la revenir dans une sauteuse avec l'huile d'olive. Ajoutez le curry, mélangez et poursuivez la cuisson 2 minutes.

2 Coupez les tomates en dés après les avoir émondées 2 minutes dans une casserole d'eau bouillante. Ajoutez-les dans la sauteuse, mélangez et laissez revenir 2 minutes.

3 Versez-y le lait de coco et la crème fraîche liquide. Mélangez de nouveau. Découpez les pavés de saumon en morceaux et les crevettes décortiquées en 2, déposez le saumon et les crevettes dans la sauteuse. Faites cuire les feuilles de lasagne 3 minutes dans une casserole d'eau bouillante salée. Égouttez-les et déposez-les sur un torchon propre.

4 Dans le fond du plat à gratin, déposez 1 cuillerée à soupe de sauce prélevée dans la sauteuse, puis 2 feuilles de lasagne, une couche de poisson au curry. Poursuivez l'opération en terminant par 2 feuilles de lasagne et un peu de sauce. Saupoudrez de gruyère râpé. Enfournez 20 à 25 minutes. Servez bien chaud.

variante

Corsez la recette avec plus d'épices : curcuma, quatre-épices... selon le goût et l'envie.

truc de cuisinier

Ajoutez dans la poêle un poivron rouge ou vert coupé en petits morceaux en même temps que les tomates.

Lasagnes aux trois viandes

coût moyen • facile à réaliser • préparation : 15 min • cuisson : 1 h 05 • pour 4 personnes

1 plat à gratin
1 poêle
1 casserole
1 torchon

6 feuilles de lasagne fraîches
250 g de steak haché
100 g de hachis de porc
100 g de hachis de veau
50 g de champignons de Paris
100 g de gruyère râpé
1 boîte de tomates pelées (400 g)
2 oignons
1 gousse d'ail
1 carotte
15 cl de vin blanc sec
1 branche de thym
1 branche de laurier
2 cuil. à soupe d'huile d'olive
sel - poivre du moulin

1 Épluchez et émincez les oignons, l'ail et la carotte, puis faites-les revenir dans une poêle avec l'huile d'olive. Faites cuire les feuilles de lasagne 3 minutes dans de l'eau bouillante salée. Égouttez-les et déposez-les sur un torchon propre.

2 Lavez et émincez les champignons puis mettez-les dans la poêle. Mélangez et ajoutez les viandes. Poursuivez la cuisson pendant 10 minutes environ en remuant régulièrement. Versez le vin blanc, baissez le feu. Ajoutez les tomates, le thym et le laurier, puis laissez réduire encore 20 minutes, à feu doux. Salez légèrement et poivrez. Enlevez le thym et le laurier, et réservez.

3 Préchauffez le four à 210 °C (th. 7). Versez une fine couche de béchamel dans un plat rectangulaire. Déposez dessus 2 feuilles de lasagne. Recouvrez d'une couche de sauce à la viande et saupoudrez de gruyère.

4 Recouvrez avec 2 feuilles de lasagne, une couche de béchamel, une de sauce à la viande et de fromage, puis 2 feuilles de lasagne, de la béchamel et terminez par une généreuse couche de fromage. Enfournez pour 40 minutes de cuisson jusqu'à ce que le dessus des lasagnes soit joliment doré.

variante

Pour recycler avec gourmandise, vous pouvez réaliser cette recette avec un reste de mignon de porc, de sauté de veau...

truc de cuisinier

Vous pouvez surgeler les lasagnes pour en avoir toujours à disposition : faites les lasagnes à l'avance puis laissez-les refroidir à température ambiante avant de les glisser au congélateur.

3

Lasagnes aux quatre fromages

bon marché • facile à réaliser • préparation : 15 min • cuisson : 30 min • pour 4 personnes

1 plat à gratin
1 casserole
1 torchon

8 feuilles de lasagne
50 g de gruyère râpé
1/2 boule de mozzarella
1/2 bûche de chèvre
100 g de roquefort
50 cl de béchamel (recette p. 5)
1 cuil. à café d'herbes de Provence (facultatif)
1 noix de beurre
sel

Préchauffez le four à 210 °C (th. 7). Faites cuire les feuilles de lasagne 3 minutes dans de l'eau bouillante salée, égouttez-les et déposez-les sur un torchon propre. Mélangez le gruyère râpé à la sauce Béchamel.

Beurrez un plat à gratin, déposez 2 feuilles de lasagne, puis une couche de béchamel au fromage, un tiers du fromage de chèvre coupé en rondelles, un tiers du roquefort coupé en morceaux. Poursuivez l'opération en terminant par 2 feuilles de lasagne, une couche de béchamel et la mozzarella coupée en morceaux. Ajoutez, pour plus d'arôme, 1 cuillerée d'herbes de Provence sur le dessus des lasagnes avant la cuisson.

Enfournez pour 25 à 30 minutes. Servez bien chaud avec une salade de laitue iceberg relevée au vinaigre de vin.

Lasagnes anglaises (cheddar et bacon)

bon marché • facile à réaliser • préparation : 10 min • cuisson : 33 min • pour 4 personnes

1 plat à gratin
1 casserole
1 torchon

8 feuilles de lasagne
200 g de cheddar
12 tranches de bacon
100 g de gruyère râpé
50 cl de béchamel (recette p. 5)
2 noix de beurre

Préchauffez le four à 180 °C (th. 6). Faites cuire les feuilles de lasagne 3 minutes dans de l'eau bouillante salée, égouttez-les et déposez-les sur un torchon propre.

Découpez le cheddar en petits morceaux. Ajoutez-les à la sauce Béchamel. Beurrez un plat à gratin, déposez une fine couche de béchamel, puis 2 feuilles de lasagne, 4 tranches de bacon et de nouveau de la sauce Béchamel au cheddar. Poursuivez l'opération pour terminer par 2 feuilles de lasagne et le reste de béchamel. Recouvrez de gruyère râpé. Déposez 1 noix de beurre sur le dessus et enfournez pour 30 minutes de cuisson. Servez bien chaud avec une salade de chou vert ou rouge.

Lasagnes au thon et aux poivrons

bon marché • facile à réaliser • préparation : 20 min • cuisson : 40 min • pour 4 personnes

1 plat à gratin - 2 poêles
1 casserole - 1 torchon

8 feuilles de lasagne
4 poivrons rouges et verts
1 oignon - 1 gousse d'ail
1 boîte de tomates pelées (400 g) - 2 c. à s. de concentré de tomate
1 boîte de thon au naturel (200 g)
150 g de fromage râpé (gruyère, comté...)
3 c. à s. d'huile d'olive
50 cl de béchamel (recette p. 5)
1 c. à c. d'herbes de Provence
sel - poivre du moulin

Préchauffez le four à 200 °C (th. 6-7). Faites revenir l'oignon émincé 3-4 minutes dans une poêle avec 1 cuillerée à soupe d'huile. Ajoutez les tomates pelées, le concentré, l'ail épluché et écrasé et les herbes. Salez, poivrez, mélangez et laissez mijoter 5 minutes.

Coupez les poivrons dans le sens de la longueur et faites-les sauter 2 minutes avec le reste d'huile d'olive. Salez, poivrez, réservez.
Faites cuire les lasagnes 3 minutes dans de l'eau bouillante salée, égouttez-les et déposez-les sur un torchon propre.

Déposez au fond du plat une fine couche de béchamel, puis 2 feuilles de lasagne, des poivrons, de la sauce tomate, du thon émietté, puis de la béchamel. Répétez l'opération en terminant par 2 feuilles de lasagne et de la béchamel. Recouvrez de fromage râpé et enfournez pour 30 minutes.

Lasagnes de dinde

bon marché • facile à réaliser • préparation : 25 min • cuisson : 45 min • pour 4 personnes

1 plat à gratin - 1 poêle
1 casserole - 1 torchon

8 feuilles de lasagne
400 g de filets de dinde
200 g de champignons de Paris
50 cl de béchamel (recette p. 5)
20 g de beurre - 1/2 bouquet de persil plat
100 g de gruyère râpé
sel - poivre du moulin

Préchauffez le four à 200 °C (th. 6-7). Faites cuire les lasagnes 3 minutes dans de l'eau bouillante salée, égouttez-les et déposez-les sur un torchon propre.
Découpez les filets de dinde en dés, puis faites-les dorer dans la poêle avec 10 g de beurre. Ajoutez les champignons épluchés et émincés, salez, poivrez et mélangez. Poursuivez la cuisson encore 5 minutes, ajoutez le persil plat ciselé, mélangez et réservez.

Beurrez un plat à gratin, déposez 2 feuilles de lasagne, un tiers du mélange dinde-champignons, un peu de béchamel et de gruyère râpé. Renouvelez l'opération 2 fois. Terminez par 2 feuilles de lasagne et de la béchamel. Recouvrez de fromage râpé et enfournez pour 30 minutes.

Lasagnes au lapin et au brocoli

bon marché • facile à réaliser • préparation : 20 min • cuisson : 1 h 10 • pour 4 personnes

1 plat à gratin
1 poêle
1 assiette
2 casseroles
1 torchon

8 feuilles de lasagne fraîches
2 cuisses de lapin
3 échalotes
1 gousse d'ail
1 branche de thym
1 petit brocoli
30 cl de vin blanc
200 g de ricotta
10 cl de crème fraîche
100 g de tomme de brebis
1 c. à s. d'huile d'olive
1 noix de beurre
sel - poivre du moulin

1 Faites fondre les échalotes épluchées et hachées dans une poêle avec 1 cuillerée à soupe d'huile d'olive. Ajoutez la gousse d'ail non épluchée, la branche de thym, le vin blanc et le reste d'huile. Salez, poivrez, mélangez et ajoutez les cuisses de lapin. Laissez mijoter doucement pendant 30 minutes.

2 La chair de lapin est cuite quand elle se détache facilement de l'os. Réservez et laissez refroidir un peu avant d'émietter la viande dans une assiette à l'aide d'une fourchette. Réservez le jus de cuisson en ôtant l'ail et le thym.

3 Préchauffez le four à 210 °C (th. 7). Faites cuire les lasagnes 3 minutes dans de l'eau bouillante salée, égouttez-les et déposez-les sur un torchon propre. Détaillez le brocoli en fleurettes et faites-les cuire dans une casserole d'eau bouillante salée 5 minutes (ou au cuit-vapeur). Passez-les ensuite sous l'eau froide pour stopper la cuisson et égouttez-les bien.

4 Mélangez le jus de cuisson du lapin avec la ricotta et 8 cl de crème fraîche. Ajoutez la chair du lapin émiettée. Salez, poivrez. Graissez un plat à gratin, déposez 2 feuilles de lasagne, recouvrez généreusement de sauce au lapin, de 2 feuilles de lasagne puis de brocoli en morceaux. Répétez 2 fois l'opération en terminant par 2 feuilles de lasagne et le reste de crème fraîche. Déposez sur le dessus la tomme coupée en morceaux et enfournez pour 30 minutes de cuisson.

variante

Les enfants, peu adeptes de lapin, apprécieront la version poulet.

truc de cuisinier

La viande s'effiloche plus facilement quand elle est chaude. N'attendez pas trop longtemps !

Lasagnes aux endives

bon marché • facile à réaliser • préparation : 20 min • cuisson : 40 min • pour 4 personnes

1 plat à gratin
1 poêle
1 casserole
1 torchon

8 feuilles de lasagne
6 endives - 2 oignons
50 cl de béchamel (recette p. 5)
200 g de gorgonzola
4 fines tranches de jambon cru - 1 c. à c. de paprika
2 c. à s. d'huile d'olive
sel - poivre du moulin

Préchauffez le four à 200 °C (th. 6-7). Coupez le jambon en lanières. Épluchez et émincez les oignons. Faites-les revenir dans une poêle avec l'huile d'olive. Quand ils sont bien dorés, ajoutez les endives finement émincées et le paprika. Faites cuire jusqu'à ce que les légumes soient fondants. Salez, poivrez.
Faites cuire les lasagnes 3 minutes dans l'eau bouillante salée. Stoppez la cuisson sous l'eau froide puis étalez les feuilles sur un torchon propre.

Déposez une fine couche de sauce Béchamel dans le fond du plat à gratin, puis 2 feuilles de lasagne, une couche d'endives, des lanières de jambon cru et des morceaux de gorgonzola.

Répétez l'opération 2 fois et terminez par du fromage. Enfournez pour 30 minutes de cuisson. Servez bien chaud.

Lasagnes parisiennes

bon marché • facile à réaliser • préparation : 20 min • cuisson : 35 min • pour 4 personnes

1 plat à gratin
1 casserole
1 torchon

8 feuilles de lasagne
4 tranches de jambon
50 cl de béchamel (recette p. 5)
500 g de champignons de Paris
100 g de gruyère râpé
20 g de beurre

Préchauffez le four à 200 °C (th. 6-7). Faites cuire les lasagnes 3 minutes dans l'eau bouillante salée. Stoppez la cuisson sous l'eau froide puis étalez les feuilles sur un torchon propre.

Coupez les champignons simplement rincés en lamelles moyennes. Coupez les tranches de jambon en moitiés.

Beurrez le fond d'un plat à gratin. Déposez une fine couche de sauce Béchamel, 2 feuilles de lasagne, une épaisseur de champignons tranchés et 2 demi-tranches de jambon en prenant soin autant que possible de tout recouvrir chaque fois. Recouvrez de sauce Béchamel et répétez l'opération en terminant par 2 feuilles de lasagne et une couche de béchamel. Parsemez de gruyère râpé. Ajoutez 2 noix de beurre et enfournez pour 30 minutes de cuisson.
Servez bien chaud.

Lasagnes au poulet et aux champignons

bon marché • facile à réaliser • préparation : 20 min • cuisson : 50 min • pour 4 personnes

1 plat à gratin
2 poêles
1 casserole
1 torchon

8 feuilles de lasagne fraîches
1 boîte de tomates pelées (400 g)
1 petite bouteille de coulis de tomates (40 cl)
400 g de champignons de Paris
4 escalopes de poulet
50 cl de béchamel (recette p. 5)
1 oignon
100 g de gruyère râpé
2 noix de beurre
sel - poivre du moulin

1 Préchauffez le four à 200 °C (th. 6-7). Coupez les escalopes de poulet en petits dés, faites-les dorer dans une poêle avec 1 noix de beurre. Salez, poivrez puis réservez.

2 Faites revenir l'oignon épluché et émincé dans une autre poêle avec 1 noix de beurre. Ajoutez les champignons brossés et émincés. Laissez revenir 10 minutes sur feu doux. Versez les tomates pelées et le coulis de tomates. Salez, poivrez, mélangez et réservez.

3 Faites cuire les feuilles de lasagne fraîches 3 minutes dans une casserole d'eau bouillante salée, égouttez-les et déposez-les sur un torchon propre.

4 Versez une belle cuillerée de sauce Béchamel dans le fond du plat à gratin, puis déposez 2 feuilles de lasagne, une épaisseur de dés de poulet, de la sauce tomate, un peu de gruyère râpé, de nouveau 2 feuilles de lasagne... Répétez l'opération en terminant par 2 feuilles de lasagne, de la béchamel et le reste de gruyère. Enfournez pour 30 à 35 minutes de cuisson jusqu'à ce que le dessus soit bien doré.

variante

Ajoutez un cube de bouillon de volaille dans la poêlée de tomates et d'oignons pour obtenir encore plus de saveur.

truc de cuisinier

Pour gagner du temps, faites cuire les lasagnes 20 à 25 minutes et passez-les sous le gril pendant 5 minutes.

Lasagnes au poulet grillé et aux artichauts

bon marché • facile à réaliser • préparation : 20 min • cuisson : 1 h 30 • pour 4 personnes

1 poêle
1 casserole
1 plat
1 torchon
4 assiettes

12 feuilles de lasagne fraîches

1 poulet fermier

6 fonds d'artichauts

4 petits citrons confits

1 bouquet de coriandre fraîche

sel - poivre du moulin

1. Préchauffez le four à 220 °C (th. 7-8). Faites rôtir le poulet pendant 1 heure 30 au four, en le retournant dans tous les sens pour bien le saisir. Arrosez-le pendant la cuisson pour obtenir du jus. Laissez refroidir et émiettez la viande.

2. Découpez les fonds d'artichauts et les citrons confits en morceaux. Mélangez-les à la viande de poulet rôti. Ajoutez la coriandre ciselée. Salez, poivrez et réservez.

3. Faites cuire les feuilles de lasagne fraîches 3 minutes dans une grande casserole d'eau bouillante salée. Égouttez-les et déposez-les sur un torchon propre.

4. Au moment de servir, déposez dans chaque assiette 1 feuille de lasagne chaude pliée en 2, une belle épaisseur de mélange poulet-artichaut, puis une autre feuille de lasagne cuite pliée en 2. Recommencez l'opération 1 fois et arrosez avec un peu de jus de cuisson du poulet. Servez bien chaud avec un brin de coriandre sur le dessus.

variante

Remplacez le poulet rôti par de l'agneau confit et ajoutez quelques épices (curcuma, curry en poudre...). Dépaysement garanti !
Vous pouvez utiliser des feuilles de lasagnes multicolores.

truc de cuisinier

Conservez les feuilles de lasagne au chaud entre deux torchons juste après leur cuisson.

Lasagnes à l'agneau confit et aux fèves

coût un peu élevé • assez facile à réaliser • préparation : 30 min • cuisson : 6 h 20 • pour 4 personnes

1 plat allant au four
1 poêle
1 casserole
1 torchon
1 cuit-vapeur
4 assiettes

4 feuilles de lasagne fraîches
1 épaule d'agneau
1 petit pot de graisse de canard (200 g)
400 g de fèves
2 échalotes
1 bouquet de persil plat
sel - poivre du moulin

1 Préchauffez le four à 90 °C (th. 1-2). Déposez l'épaule d'agneau avec la graisse de canard dans un plat allant au four. Enfournez pour 6 heures de cuisson, doucement, en retournant l'épaule de temps en temps.

2 Quand l'épaule est délicieusement confite, émiettez la viande et laissez-la s'égoutter. Épluchez les échalotes et émincez-les. Faites cuire les fèves à la vapeur 5 minutes.

3 Faites fondre les échalotes dans la poêle avec un peu de graisse de canard prélevée dans le plat de l'agneau. Ajoutez les fèves et mélangez délicatement. Salez, poivrez. Ajoutez l'effilochée d'agneau confit et mélangez. Lavez et hachez le persil en réservant 4 petits brins pour la décoration. Ajoutez-le dans la poêle. Remuez et laissez chauffer doucement, 5 à 6 minutes.

4 Faites cuire les lasagnes dans une casserole d'eau bouillante salée pendant 3 minutes. Égouttez-les et réservez-les au chaud dans un torchon propre. Au moment de servir, montez les lasagnes en alternant, dans chaque assiette, 1 demi-feuille de lasagne, un peu de mélange (confit, fèves, échalotes), réitérez l'opération. Décorez d'1 feuille de persil. Servez bien chaud.

variante

Découpez les feuilles de lasagne à l'aide d'un emporte-pièce ou d'un moule à tartelette retourné pour leur donner une jolie forme.

truc de cuisinier

C'est idéalement un plat du lendemain : vous pouvez utiliser les restes d'une épaule cuite et servie la veille.

Lasagnes au confit de canard et aux champignons des bois

coût moyen • facile à réaliser • préparation : 30 min • cuisson : 45 min • pour 4 personnes

1 plat à gratin
1 casserole
2 poêles
1 assiette
1 torchon

6 feuilles de lasagne fraîches

3 cuisses de canard confites

300 g de champignons des bois (girolles ou cèpes)

50 cl de béchamel (recette p. 5)

100 g de fromage râpé (comté, gruyère...)

1 oignon

1 noix de beurre

sel - poivre du moulin

1 Faites chauffer doucement les cuisses de canard dans une poêle pendant 20 minutes environ, puis désossez-les dans une assiette. Émiettez la chair. Faites-la revenir dans une autre poêle avec l'oignon épluché et haché.

2 Faites cuire les lasagnes dans une casserole d'eau bouillante salée pendant 3 minutes, égouttez-les et déposez-les sur un torchon propre.

3 Préchauffez le four à 200 °C (th. 6-7). Si vous utilisez des champignons surgelés, faites-les décongeler au micro-ondes (ou, mieux encore, doucement au réfrigérateur). Égouttez-les et ajoutez-les aux miettes de confit.

4 Beurrez légèrement le plat à gratin. Versez un peu de béchamel au fond, posez dessus 2 feuilles de lasagne, puis la moitié des miettes de canard, et enfin une couche de béchamel. Recommencez l'opération 2 fois pour terminer par une couche de lasagnes et la sauce Béchamel. Recouvrez de fromage râpé et enfournez pour 20 minutes de cuisson. Servez bien chaud.

variante

Remplacez le canard par du poulet et les champignons des bois (un peu chers) par des champignons de Paris.

truc de cuisinier

Conservez la graisse de canard refroidie dans un pot en verre avec couvercle. Elle peut toujours servir pour faire confire une épaule d'agneau ou faire revenir des pommes de terre sautées.

Lasagnes à la mozza et au basilic

bon marché • facile à réaliser • préparation : 10 min • cuisson : 35 min • pour 4 personnes

1 plat à gratin
1 casserole
1 torchon

8 feuilles de lasagne
125 g de mozzarella
70 g de parmesan râpé
50 cl de coulis de tomates
50 cl de béchamel (recette p. 5)
1 bouquet de basilic frais
1 noix de beurre

Préchauffez le four à 200 °C (th. 6-7).
Faites cuire les feuilles de lasagne dans une casserole d'eau bouillante salée pendant 3 minutes. Égouttez-les et déposez-les sur un torchon propre.

Beurrez un plat à gratin, déposez 2 feuilles de lasagne dans le fond, recouvrez de fines tranches de mozzarella, puis de coulis de tomates. Ajoutez quelques feuilles de basilic et un peu de parmesan. Versez une fine couche de béchamel.

Réitérez l'opération 2 fois, terminez par une couche de lasagnes recouverte de béchamel et de parmesan.
Enfournez pour 30 minutes jusqu'à l'obtention d'une jolie couleur dorée.
Servez bien chaud avec une salade de pousses d'épinards aromatisées à l'huile d'olive et au citron.

Lasagnes aux légumes d'été

bon marché • facile à réaliser • préparation : 30 min • cuisson : 45 min • pour 4 personnes

1 plat à gratin
1 poêle ou 1 sauteuse
1 spatule - 1 casserole
1 torchon

8 feuilles de lasagne
400 g de bœuf haché
50 cl de sauce tomate
50 cl de béchamel (recette p. 5)
2 courgettes - 4 tomates
2 aubergines - 2 poivrons
2 oignons
3 c. à s. d'huile d'olive
sel - poivre du moulin

Préchauffez le four à 200 °C (th. 6-7).
Épluchez et émincez les oignons. Faites-les revenir dans une poêle avec l'huile d'olive. Épluchez et coupez tous les légumes en dés, faites-les revenir dans la poêle avec l'oignon. Ajoutez le bœuf haché et laissez cuire l'ensemble 10 à 15 minutes en remuant régulièrement avec une cuillère en bois. Salez, poivrez.
Faites cuire les feuilles de lasagne dans de l'eau bouillante salée 3 minutes. Égouttez-les et déposez-les sur un torchon propre.

Déposez dans le fond du plat à gratin une belle cuillerée de sauce tomate puis 2 feuilles de lasagne, une couche de légumes à la viande et une de béchamel. Répétez l'opération 2 fois et terminez par 2 feuilles de lasagne et une épaisseur de béchamel. Recouvrez, si vous le souhaitez, de parmesan et enfournez pour 30 minutes de cuisson. À table !

Lasagnes végétariennes (pesto et chèvre)

bon marché • facile à réaliser • préparation : 30 min • cuisson : 50 min • pour 4 personnes

1 plat à gratin
2 casseroles
1 petite poêle
1 mixeur
1 torchon

8 feuilles de lasagne fraîches
1 petit pot de pesto (200 g)
100 g de fromage de chèvre frais
4 tomates
2 aubergines
1 cuil. à soupe de crème fraîche liquide
2 c. à s. de pignons de pin
2 c. à s. d'huile d'olive
3 branches de basilic frais
1 gousse d'ail
1 noix de beurre
100 g de parmesan
1 petite bouteille de coulis de tomates (40 cl)

1 Préchauffez le four à 180 °C (th. 6). Faites chauffer une casserole d'eau bouillante. Plongez-y les tomates puis épluchez-les. Découpez-les en morceaux et ôtez le cœur. Faites-les revenir dans 1 cuillerée à soupe d'huile d'olive. Ajoutez l'ail épluché et haché et les feuilles de basilic émincées. Laissez confire 15 minutes environ à feu doux.

2 Coupez les aubergines en lamelles dans le sens de la longueur sans les éplucher, badigeonnez-les avec un peu d'huile d'olive et faites-les griller légèrement au four pendant 10 minutes. Mixez le fromage de chèvre frais avec le pesto et 1 cuillerée à soupe de crème fraîche. Mélangez bien. Faites griller les pignons à sec dans une petite poêle, puis ajoutez-les à la crème de chèvre. Faites cuire les feuilles de lasagne dans de l'eau bouillante salée 3 minutes. Égouttez-les et déposez-les sur un torchon propre.

3 Déposez 2 feuilles de lasagne dans le fond d'un plat à gratin beurré. Recouvrez de crème de chèvre, étalez bien, recouvrez de compotée de tomates, puis de lamelles d'aubergines. Remettez des feuilles de lasagne et répétez l'opération 2 fois. Terminez par un étage de compotée de tomates.

4 Enfournez pour 20 à 25 minutes de cuisson. Servez bien chaud avec une salade feuille de chêne, un coulis de tomates et du parmesan râpé.

variante

Remplacez le fromage de chèvre par du gorgonzola.

truc de cuisinier

Préparez le pesto « *home made* », c'est encore meilleur : mixez 1 bouquet de basilic effeuillé, 30 g de parmesan et 1 cuillerée à soupe de pignons de pin en incorporant petit à petit 10 cl d'huile d'olive.

Lasagnes aux tomates, à la mozza et au pesto

bon marché • facile à réaliser • préparation : 20 min • cuisson : 30 min • pour 4 personnes

1 plat à gratin
1 casserole
1 torchon

8 feuilles de lasagne fraîches

120 g de mozzarella

50 cl de coulis de tomates

1 petit pot de pesto (200 g)

1 bouquet de basilic frais

100 g de parmesan râpé

50 cl de béchamel (recette p. 5)

1 Préchauffez le four à 200 °C (th. 6-7). Faites cuire les feuilles de lasagne 3 minutes dans une casserole d'eau bouillante salée. Égouttez-les et déposez-les sur un torchon propre.

2 Huilez le plat à gratin, déposez 2 feuilles de lasagne, quelques morceaux de mozzarella, un peu de coulis de tomates, un peu de pesto, quelques feuilles de basilic, et une couche de parmesan.

3 Répétez 2 fois l'opération puis terminez par 2 feuilles de lasagne, la sauce Béchamel et le parmesan. Enfournez pour 30 minutes de cuisson et laissez dorer.

4 Servez avec une salade de petites tomates et d'olives noires, assaisonnée au vinaigre balsamique.

variante

Ajoutez des rondelles de tomates dans les étages des lasagnes pour encore plus de gourmandise.

truc de cuisinier

Congelez le pesto en glaçons pour une prochaine utilisation.

Lasagnes courgettes et chèvre

bon marché • facile à réaliser • préparation : 30 min • cuisson : 55 min • pour 4 personnes

1 plat à gratin - 1 poêle
1 casserole - 1 torchon

8 feuilles de lasagne
8 courgettes moyennes
2 oignons
2 fromages de chèvre frais
50 cl de béchamel (recette p. 5)
150 g de fromage râpé
1 c. à s. d'herbes de Provence
3 c. à s. d'huile d'olive
1 noix de beurre
sel - poivre du moulin

Préchauffez le four à 180 °C (th. 6).
Lavez les courgettes et coupez-les en rondelles. Épluchez et émincez les oignons.

Faites revenir les courgettes et les oignons dans une poêle avec l'huile d'olive pendant 20 minutes. Ajoutez les herbes de Provence, salez, poivrez. Ajoutez les fromages de chèvre coupés en morceaux et poursuivez la cuisson 5 minutes sur feu doux.

Faites cuire les feuilles de lasagne dans de l'eau bouillante salée 3 minutes. Égouttez-les et déposez-les sur un torchon propre.

Déposez 2 feuilles de lasagne dans le fond d'un plat à gratin beurré, puis une couche de la préparation aux courgettes, une fine couche de béchamel. Renouvelez l'opération en terminant par la béchamel et le fromage râpé. Enfournez pour 30 minutes de cuisson. Servez bien chaud.

Lasagnes épinards et saumon

bon marché • facile à réaliser • préparation : 15 min • cuisson : 25 min • pour 4 personnes

1 plat à gratin
2 casseroles ou 1 cuit-vapeur
1 torchon

8 feuilles de lasagne
300 g de saumon fumé
500 g d'épinards en branches surgelés
100 g de parmesan râpé
50 cl de béchamel (recette p. 5)
1 noix de beurre

Préchauffez le four à 200 °C (th. 6-7).
Faites cuire les épinards en branches à la casserole ou au cuit-vapeur. Faites cuire les feuilles de lasagne dans de l'eau bouillante salée 3 minutes. Égouttez-les et déposez-les sur un torchon propre.

Beurrez un plat à gratin, déposez une fine épaisseur de sauce Béchamel, 2 feuilles de lasagne, une couche de saumon fumé, une d'épinards cuits. Saupoudrez de parmesan, recouvrez de béchamel et poursuivez l'opération. Terminez par 2 feuilles de lasagne, le reste de béchamel et du parmesan.

Enfournez pour 20 à 25 minutes jusqu'à l'obtention d'une jolie couleur dorée. Servez bien chaud.

Lasagnes aux poivrons

bon marché • facile à réaliser • préparation : 20 min • cuisson : 45 min • pour 4 personnes

1 plat à gratin
2 poêles
1 casserole
1 torchon

8 feuilles de lasagne fraîches

4 poivrons (rouges et verts)

1 oignon

2 gousses d'ail

1 boîte de tomates entières pelées (400 g)

1 petite boîte de concentré de tomate

150 g de fromage râpé

1 c. à c. de curry

1 c. à s. d'herbes de Provence

50 cl de béchamel (recette p. 5)

3 c. à s. d'huile d'olive

1 noix de beurre

sel - poivre du moulin

1 Préchauffez le four à 200 °C (th. 6-7). Épluchez et émincez l'oignon, puis faites-le revenir dans une poêle avec 1 cuillerée à soupe d'huile d'olive. Ajoutez les tomates pelées, le concentré de tomate et un petit verre d'eau. Mélangez et laissez cuire doucement 5 minutes.

2 Ajoutez ensuite l'ail épluché et haché, les herbes de Provence et le curry. Mélangez de nouveau, salez, poivrez et poursuivez la cuisson 5 minutes. Dans une casserole, faites cuire les feuilles de lasagne 3 minutes dans de l'eau bouillante salée, égouttez-les et déposez-les sur un torchon propre.

3 Après avoir retiré leur pédoncule, coupez finement les poivrons dans le sens de la longueur. Faites-les sauter 3 à 4 minutes dans une poêle sur feu vif avec le reste d'huile d'olive. Salez, poivrez et réservez.

4 Beurrez le plat à gratin, déposez 2 feuilles de lasagne cuites, puis une couche de poivrons cuits, une de sauce tomate épicée et une fine épaisseur de sauce Béchamel. Réitérez l'opération en terminant par 2 feuilles de lasagne et une fine couche de béchamel. Saupoudrez de fromage râpé et enfournez pour 30 à 35 minutes.

variante

Ajoutez du piment d'Espelette ou davantage de curry pour relever le goût.

truc de cuisinier

Mélangez une petite boîte de thon au naturel émietté dans la sauce tomate pour une recette plus riche, adaptée aux gros appétits !

Lasagnes aux aubergines

bon marché • facile à réaliser • préparation : 40 min • cuisson : 1 h 10 • pour 4 personnes

1 sauteuse
2 casseroles
1 torchon
1 plat à gratin
papier absorbant
1 râpe

8 feuilles de lasagne fraîches

4 grosses aubergines

50 cl de coulis de tomates

50 cl de béchamel (recette p. 5)

1 carotte

1 oignon

50 g de parmesan

150 g de comté

1 pincée d'herbes de Provence

2 cuil. à soupe d'huile d'olive

sel - poivre du moulin

1 Faites cuire les feuilles de lasagne 3 minutes dans de l'eau bouillante salée, égouttez-les et déposez-les sur un torchon propre.

2 Pelez les aubergines et coupez-les dans le sens de la longueur en tranches pas trop épaisses. Faites chauffer l'huile d'olive dans une sauteuse puis revenir les aubergines sur feu vif jusqu'à ce qu'elles soient bien dorées et tendres. Déposez-les ensuite sur une feuille de papier absorbant.

3 Mélangez la sauce Béchamel et le coulis de tomates. Faites revenir ce mélange doucement dans une casserole, ajoutez la carotte épluchée et coupée en tout petits morceaux et l'oignon épluché et émincé. Salez, poivrez, assaisonnez avec les herbes de Provence et laissez cuire à feu doux pendant 30 minutes en remuant régulièrement. Préchauffez le four à 210 °C (th. 7).

4 Déposez une fine couche de sauce dans le fond d'un plat à gratin. Recouvrez de 2 feuilles de lasagne, puis de lamelles d'aubergines cuites. Ajoutez du fromage râpé (comté et parmesan). Recommencez l'opération pour terminer par 2 feuilles de lasagne, une fine couche de sauce et du comté. Enfournez pour 35 à 40 minutes de cuisson. Servez bien chaud.

variante

Remplacez les deux fromages par du gorgonzola pour un rendu plus corsé.

truc de cuisinier

Faites-en un peu plus et congelez ce bon petit plat pour un savoureux déjeuner au bureau.

Lasagnes au céleri et aux carottes

bon marché • facile à réaliser • préparation : 20 min • cuisson : 50 min • pour 4 personnes

1 plat à gratin - 1 sauteuse
1 bol

8 feuilles de lasagne

2 oignons - 1 gousse d'ail

150 g de céleri-rave

4 carottes - 20 cl de fromage blanc

10 cl de lait - 50 g de parmesan

1 boîte de tomates pelées

1 cube de bouillon de légumes - 1 bouquet de basilic frais

2 c. à s. d'huile d'olive - sel - poivre du moulin

Faites revenir oignon et ail émincés dans une sauteuse avec l'huile d'olive. Ajoutez le céleri et les carottes râpés. Laissez cuire 10 minutes environ, jusqu'à ce qu'ils soient bien tendres.

Ajoutez les tomates pelées et le bouillon de légumes émietté. Laissez cuire encore 10 à 15 minutes en rajoutant un peu d'eau si nécessaire. Salez, poivrez puis réservez. Préchauffez le four à 200 °C (th. 6-7).

Faites cuire les lasagnes 3 minutes dans de l'eau bouillante salée, égouttez-les et étalez-les sur un torchon propre. Mélangez dans un bol le fromage blanc et le lait pour obtenir une crème onctueuse.
Graissez le plat, déposez 2 feuilles de lasagne au fond, puis un étage de légumes à la sauce tomate, quelques feuilles de basilic, une couche de fromage blanc, etc. Terminez par 2 feuilles de lasagne et le parmesan. Enfournez pour 20 à 25 minutes.

Lasagnes carottes, brocoli, champignons

bon marché • facile à réaliser • préparation : 20 min • cuisson : 50 min • pour 4 personnes

1 poêle - 1 cuit-vapeur
1 plat à gratin

8 feuilles de lasagne

400 g de brocoli - 400 g de carottes

200 g de champignons de Paris - 40 cl de sauce tomate

2 oignons - 1 gousse d'ail

25 cl de crème fraîche semi-épaisse - 1 c. à s. d'herbes de Provence

100 g de gruyère râpé

2 c. à s. d'huile d'olive - sel - poivre

Préchauffez le four à 200 °C (th. 6-7). Épluchez et émincez les oignons. Faites-les revenir dans une poêle avec 1 cuillerée à soupe d'huile. Ajoutez l'ail haché, la sauce tomate, les herbes, un peu d'eau et les champignons rincés et émincés. Mélangez et laissez mijoter 10 minutes sur feu doux. Assaisonnez à votre goût. Faites cuire le brocoli en fleurettes et les carottes en rondelles au cuit-vapeur, les lasagnes 3 minutes dans de l'eau bouillante salée, égouttez-les et étalez-les sur un torchon propre.

Graissez le fond du plat avec un peu d'huile, déposez 2 feuilles de lasagne, puis du brocoli légèrement écrasé à la fourchette et des carottes. Recouvrez de sauce tomate aux champignons. Répétez l'opération, terminez par 2 feuilles de lasagne, la crème fraîche et le fromage râpé. Enfournez pour 30 à 40 minutes. Servez bien chaud.

Lasagnes aux pommes et au bleu

bon marché • facile à réaliser • préparation : 15 min • cuisson : 40 min • pour 4 personnes

2 poêles
2 casseroles
1 plat à gratin
1 torchon

4 feuilles de lasagne fraîches

2 grosses pommes

125 g de fromage bleu (type bleu des Causses)

100 g de pignons de pin

20 cl de crème fraîche liquide légère

1 pointe de cannelle

2 noix de beurre

1 Préchauffez le four à 180 °C (th. 6). Épluchez les pommes et coupez-les en cubes, faites-les revenir 5 minutes dans une poêle avec 1 noix de beurre. Faites cuire les lasagnes 3 minutes dans une grande casserole d'eau bouillante salée, égouttez-les et étalez-les sur un torchon propre.

2 Dans une autre poêle, faites griller les pignons de pin à sec. Coupez le fromage bleu en petits morceaux. Dans une casserole, versez la crème fraîche, saupoudrez de cannelle et faites chauffer le mélange quelques instants.

3 Beurrez le plat à gratin, déposez au fond 1 feuille de lasagne puis, sur le dessus, les morceaux de pomme, le fromage émietté et quelques pignons. Recommencez l'opération : 1 feuille de lasagne, morceaux de pomme, fromage émietté et pignons... Terminez par 1 feuille de lasagne.

4 Recouvrez de crème à la cannelle et enfournez pour 25 à 30 minutes. Servez tiède ou chaud.

variante

Variez les plaisirs en ajoutant aux pommes du boudin noir.
Remplacez les pommes par des poires et le bleu par du fromage basque.

truc de cuisinier

Ce petit plat est délicieux servi bien chaud avec une salade de mâche au vinaigre de cidre.

Lasagnes de légumes du potager

bon marché • facile à réaliser • préparation : 30 min • cuisson : 40 min • pour 4 personnes

1 plat à gratin - 1 poêle
1 cuit-vapeur
1 casserole

8 feuilles de lasagne
4 courgettes
200 g de dés de tomates
200 g de haricots plats
200 g de ricotta - 200 g de parmesan râpé
50 cl de béchamel (recette p. 5)
1 petit bouquet de basilic frais
1 c. à s. d'huile d'olive
1 noix de beurre
sel - poivre du moulin

Préchauffez le four à 200 °C (th. 6-7). Coupez les courgettes en allumettes sans les éplucher, faites-les sauter 3 à 4 minutes dans une poêle avec l'huile. Salez, poivrez.

Ciselez le basilic, mélangez-le à la béchamel. Faites cuire les lasagnes 3 minutes dans de l'eau bouillante salée et les haricots plats 5 minutes à la vapeur. Beurrez le plat et montez les lasagnes : un peu de béchamel, 2 feuilles de lasagne, des courgettes bien égouttées, un peu de béchamel, des morceaux de ricotta, 2 feuilles de lasagne, des dés de tomates, béchamel, ricotta... Réitérez l'opération avec les haricots plats en terminant par 2 feuilles de lasagne et le reste de béchamel. Saupoudrez l'ensemble avec le parmesan. Enfournez pour 30 minutes.

Lasagnes aubergines et deux fromages

bon marché • facile à réaliser • préparation : 30 min • cuisson : 55 min • pour 4 personnes

1 plat à gratin - 2 casseroles
1 sauteuse

8 feuilles de lasagne
4 grosses aubergines
25 cl de coulis de tomates
1 carotte - 1 oignon
50 cl de béchamel (recette p. 5)
50 g de parmesan râpé
150 g de mozzarella
2 c. à s. d'huile d'olive
1 c. à s. d'herbes de Provence
sel - poivre du moulin

Pelez les aubergines et coupez-les en tranches dans la longueur. Faites-les dorer dans une sauteuse avec l'huile, sur feu vif. Déposez-les sur du papier absorbant.

Mélangez le coulis de tomates à la béchamel, ajoutez la carotte en dés, l'oignon émincé, les herbes, salez, poivrez, mélangez et laissez revenir 15 minutes sur feu doux. Préchauffez le four à 200 °C (th. 6-7). Faites cuire les lasagnes 3 minutes dans de l'eau bouillante salée.

Déposez au fond du plat une belle cuillerée de béchamel, puis 2 feuilles de lasagne, des tranches d'aubergine (sans les superposer). Parsemez de parmesan et de morceaux de mozzarella égouttée. Recouvrez de sauce et répétez l'opération pour terminer par 2 feuilles de lasagne, de la béchamel et un peu de parmesan. Enfournez pour 30 à 40 minutes.

Lasagnes au cabillaud

bon marché • facile à réaliser • préparation : 15 min • cuisson : 40 min • pour 4 personnes

1 plat à gratin
2 casseroles
1 torchon

8 feuilles de lasagne fraîches

500 g de filet de cabillaud

1 poireau

50 cl de béchamel (recette p. 5)

200 g de parmesan râpé

40 cl de sauce tomate

1/2 c. à s. de graines de fenouil

1 cube de bouillon de poisson

10 g de beurre

sel - poivre du moulin

1 Préchauffez le four à 200 °C (th. 6-7). Lavez et coupez finement le poireau. Chauffez le beurre dans une casserole et faites cuire le poireau doucement, sans le laisser colorer. Ajoutez la sauce tomate, les graines de fenouil et le cube de bouillon, poivrez. Laissez cuire 5 minutes sur feu doux.

2 Faites cuire les feuilles de lasagne 3 minutes dans une casserole d'eau bouillante salée, égouttez-les et déposez-les sur un torchon propre. Faites cuire le cabillaud 5 minutes au court-bouillon ou à la vapeur.

3 Versez un peu de sauce Béchamel dans le fond d'un plat à gratin. Couvrez de 2 feuilles de lasagne. Déposez une couche de sauce tomate, puis un tiers du cabillaud. Répétez 2 fois l'opération puis terminez par 2 feuilles de lasagne et la sauce Béchamel.

4 Saupoudrez de parmesan râpé et enfournez pour 30 minutes de cuisson. Servez bien chaud, accompagné de quelques feuilles de laitue iceberg.

variante

Remplacez par un autre poisson blanc plus chic, comme le bar, pour un plat festif.

truc de cuisinier

La sauce Béchamel peut céder sa place à un mélange crème fraîche semi-épaisse et fromage râpé.

Lasagnes au rouget et aux poireaux

coût moyen • facile à réaliser • préparation : 15 min • cuisson : 50 min • pour 4 personnes

1 plat à gratin
1 casseroles
1 torchon
1 cuit-vapeur
1 poêle

8 feuilles de lasagne fraîches
6 filets de rouget
2 beaux poireaux
2 oignons
50 cl de béchamel (recette p. 5)
2 noix de beurre
fumet de poisson
sel - poivre

1 Préchauffez le four à 200 °C (th. 6-7). Faites cuire les feuilles de lasagne 3 minutes dans une casserole d'eau bouillante salée. Passez-les sous l'eau froide puis étalez-les sur un torchon propre.

2 Faites cuire les filets de rouget dans un fumet de poisson 10 minutes à la casserole ou 5 minutes au cuit-vapeur. Faites cuire les poireaux épluchés et émincés 10 minutes au cuit-vapeur. Réservez les filets de poisson et les poireaux cuits.

3 Faites dorer les oignons épluchés et émincés dans une poêle avec 1 noix de beurre, puis ajoutez les poireaux. Mélangez et réservez.

4 Beurrez un plat à gratin. Déposez 2 feuilles de lasagne précuites dans le fond, puis une couche de sauce Béchamel, 2 filets de rouget et une couche de poireaux et oignons. Répétez 2 fois l'opération puis terminez par 2 feuilles de lasagne et de la sauce Béchamel. Enfournez pour 30 minutes de cuisson. Servez bien chaud.

variante

Remplacez les poireaux par des tomates coupées en dés et revenues avec les oignons.

truc de cuisinier

Recouvrez, selon l'envie, de gruyère râpé ou de parmesan pour gratiner ce bon petit plat.

Lasagnes roses et vertes

bon marché • facile à réaliser • préparation : 30 min • cuisson : 40 min • pour 4 personnes

1 plat à gratin
1 poêle
1 casserole
1 cuit-vapeur
1 torchon

10 feuilles de lasagnes « vertes »

1 kg d'épinards frais

2 filets de saumon frais

100 g de gruyère râpé

50 cl de béchamel (recette p. 5)

1 cuil. à soupe d'huile d'olive

1 pincée de muscade

1 noix de beurre

sel - poivre du moulin

1 Préchauffez le four à 180 °C (th. 6). Faites cuire les épinards à la vapeur pendant 5 minutes. Réservez.

2 Faites cuire les pavés de saumon dans une poêle avec l'huile d'olive pendant 5 minutes en les retournant à mi-cuisson.

3 Faites cuire les feuilles de lasagne pendant 3 minutes dans une casserole d'eau bouillante salée, égouttez-les et déposez-les sur un torchon propre.

4 Graissez un plat à gratin, déposez 2 feuilles de lasagne précuites, la moitié des épinards, quelques cuillerées de sauce Béchamel. Recouvrez de 2 feuilles de lasagne, d'une épaisseur de saumon, de quelques cuillerées de béchamel... Renouvelez l'opération, en assaisonnant avec le sel, le poivre et la muscade. Terminez par 2 feuilles de lasagne, recouvrez de sauce Béchamel et de gruyère râpé, puis laissez le tout gratiner au four pendant 30 minutes.

variante

Utilisez des épinards déjà préparés que vous trouverez au rayon surgelé.

truc de cuisinier

Ajoutez quelques crevettes au saumon pour donner encore plus de goût à ce bon petit plat.

Lasagnes aux noix de Saint-Jacques

coût moyen • facile à réaliser • préparation : 20 min • cuisson : 35 min • pour 4 personnes

1 plat à gratin - 1 poêle
1 casserole - 1 torchon

8 feuilles de lasagne fraîches

500 g de saint-jacques (ou de pétoncles)

1 échalote

1 noix de beurre

10 cl de vin blanc

50 cl de béchamel (recette p. 5)

100 g de gruyère râpé

sel - poivre du moulin

Préchauffez le four à 200 °C (th. 6-7). Épluchez et émincez l'échalote. Faites-la revenir dans une poêle avec le beurre. Ajoutez les noix de Saint-Jacques, mélangez et laissez dorer. Salez, poivrez, puis versez le vin blanc. Poursuivez la cuisson 3 à 4 minutes.

Pour la béchamel, remplacez la moitié du lait par le jus de cuisson des saint-jacques, cela apportera un parfum « marin ». Faites cuire les lasagnes 3 minutes dans de l'eau salée. Égouttez-les et déposez-les sur un torchon propre.

Déposez dans le fond du plat une fine couche de béchamel, puis 2 feuilles de lasagne, une couche de saint-jacques, de la béchamel, etc. Terminez par 2 feuilles de lasagne, un peu de béchamel et recouvrez de gruyère râpé. Enfournez pour 25 à 30 minutes. Servez avec une salade de carottes râpées à l'orange.

Lasagnes aux crevettes

bon marché • facile à réaliser • préparation : 30 min • cuisson : 40 min • pour 4 personnes

1 plat à gratin - 1 casserole
1 torchon

8 feuilles de lasagne

500 g de crevettes roses (ou grises) décortiquées

50 cl de béchamel (recette p. 5)

100 g de fromage râpé

2 gousses d'ail

1 bouquet de persil plat

1/2 c. à c. de quatre-épices

1 c. à s. d'huile d'olive

2 noix de beurre - sel - poivre

Préchauffez le four à 180 °C (th. 6). Faites chauffer dans une poêle l'huile d'olive et 1 noix de beurre. Ajoutez l'ail épluché et haché, le quatre-épices puis les crevettes. Salez, poivrez, mélangez et laissez revenir 3 à 4 minutes. Ajoutez le persil haché, mélangez et réservez.

Faites cuire les lasagnes 3 minutes dans de l'eau bouillante salée. Égouttez-les et déposez-les sur un torchon propre.

Graissez le plat à gratin, déposez 2 feuilles de lasagne et un tiers des crevettes dorées. Recouvrez de béchamel, puis de 2 feuilles de lasagne, etc. Terminez par de la béchamel. Saupoudrez de fromage râpé et enfournez pour 30 minutes. Servez bien chaud avec une salade de pamplemousse.

Lasagnes aux gambas et aux champignons

coût moyen • facile à réaliser • préparation : 30 min • cuisson : 30 min • pour 4 personnes

2 poêles
1 casserole
1 torchon
1 plat à gratin ou 1 grille

4 feuilles de lasagne fraîches

16 gambas (fraîches ou surgelées)

50 cl de béchamel (recette p. 5)

400 g de champignons (cèpes, girolles ou champignons de Paris)

1 gousse d'ail

1/2 bouquet de persil plat

3 cuil. à soupe d'huile d'olive

30 g de parmesan

1 noix de beurre

sel - poivre du moulin

1 Préchauffez le four à 180 °C (th. 6). Décortiquez et faites poêler les gambas sur feu vif avec 1 cuillerée à soupe d'huile d'olive.
Réservez 4 gambas entières, découpez le reste en moitié dans le sens de la longueur.

2 Faites revenir les champignons brossés et émincés dans une poêle avec 2 cuillerées à soupe d'huile d'olive. Ajoutez l'ail écrasé, salez, poivrez et mélangez. Ajoutez le persil émincé, mélangez et éteignez le feu.

3 Faites cuire les feuilles de lasagne 3 minutes dans de l'eau bouillante salée, égouttez-les et réservez-les sur un torchon propre. Dans un plat à gratin beurré (ou sur une feuille de cuisson graissée), déposez 1 feuille de lasagne puis une fine couche de béchamel, quelques morceaux de gambas, un peu de champignons poêlés, ajoutez une autre feuille de lasagne. Répétez l'opération pour terminer par une fine couche de béchamel, les gambas entières et un peu de parmesan râpé.

4 Glissez au four pour 10 minutes de cuisson. Servez bien chaud avec une salade au vinaigre balsamique.

variante

Remplacez le lait de la sauce Béchamel par du fumet de poisson pour une recette 100 % marine.

truc de cuisinier

Variez les plaisirs de l'œil en découpant, à l'aide d'un emporte-pièce, les feuilles de lasagne en carré, rond, forme poisson…

Lasagnes de la mer

bon marché • facile à réaliser • préparation : 15 min • cuisson : 40 min • pour 4 personnes

1 plat à gratin
1 poêle
1 casserole
1 torchon

8 feuilles de lasagne

150 g de moules cuites décortiquées

150 g de crevettes grises cuites, décortiquées

1 boîte de thon au naturel (200 g)

100 g de gruyère râpé

1 échalote

50 cl de béchamel (recette p. 5)

2 noix de beurre

5 brins de persil

5 brins de ciboulette

sel - poivre du moulin

1 Préchauffez le four à 200 °C (th. 6-7). Épluchez et émincez l'échalote. Faites-la revenir dans une poêle avec 1 noix de beurre. Ajoutez les moules, les crevettes et le thon émietté. Salez, poivrez et mélangez délicatement. Laissez revenir sur feu doux pendant 5 à 10 minutes.

2 Pendant ce temps, ciselez le persil et la ciboulette et mélangez-les à la sauce Béchamel. Versez cette sauce aux herbes dans la poêle.

3 Faites cuire les feuilles de lasagne 3 minutes dans une casserole d'eau bouillante salée. Égouttez-les et déposez-les sur un torchon propre.

4 Beurrez un plat à gratin, déposez 2 feuilles de lasagne précuites puis une couche de fruits de mer à la béchamel aux herbes. Recouvrez de gruyère râpé, puis réitérez l'opération 2 fois pour terminer par 2 feuilles de lasagne et du fromage râpé. Enfournez et laissez cuire 30 minutes.

variante

Pour une recette plus light, remplacez la sauce Béchamel par du fromage blanc allégé mélangé à de la crème fraîche liquide.

truc de cuisinier

Ajoutez de la noix de muscade dans la poêlée de fruits de mer.

Lasagnes au saumon et aux poireaux

bon marché • facile à réaliser • préparation : 20 min • cuisson : 45 min • pour 4 personnes

1 cuit-vapeur
1 plat à gratin
1 casserole
1 torchon

8 feuilles de lasagne

200 g de saumon fumé (ou truite)

3 petits poireaux (ou 2 moyens)

50 cl de béchamel (recette p. 5)

100 g de gruyère râpé

Préchauffez le four à 200 °C (th. 6-7).
Coupez les poireaux lavés dans leur longueur et faites-les cuire à la vapeur 10 minutes. Sortez-les du cuit-vapeur, égouttez-les et réservez-les. Découpez le saumon fumé en morceaux.
Faites cuire les lasagnes 3 minutes dans de l'eau bouillante salée. Égouttez-les et déposez-les sur un torchon propre.

Déposez 1 cuillerée à soupe de sauce Béchamel dans le fond d'un plat à gratin, puis 2 feuilles de lasagne. Recouvrez de poireaux, de morceaux de saumon fumé et parsemez de gruyère râpé. Déposez une nouvelle couche de béchamel et répétez l'opération 2 fois. Terminez par 2 feuilles de lasagne, une couche de béchamel et du fromage pour gratiner. Enfournez pour 30 à 35 minutes.
Servez bien chaud.

Lasagnes au crabe

coût moyen • facile à réaliser • préparation : 15 min • cuisson : 20 min • pour 4 personnes

1 saladier - 1 plat à gratin
1 casserole - 1 torchon

8 feuilles de lasagne

300 g de crabe en boîte

2 tomates

1 poivron rouge

50 cl de béchamel (recette p. 5)

10 brins de persil plat

50 g de mozzarella

4 à 5 gouttes de Tabasco

1 noix de beurre

sel - poivre du moulin

Préchauffez le four à 180 °C (th. 6).
Pelez, épépinez et concassez les tomates. Épluchez le poivron et coupez-le en petits dés. Hachez le persil. Ajoutez les dés de poivron, les tomates concassées et 4 à 5 gouttes de Tabasco à la sauce Béchamel. Salez et poivrez si nécessaire, puis ajoutez le crabe égoutté et émietté, le persil haché et mélangez soigneusement. Faites cuire les lasagnes 3 minutes dans de l'eau bouillante salée. Égouttez-les et déposez-les sur un torchon propre.

Beurrez un plat à gratin. Étalez 2 feuilles de lasagne dans le fond. Recouvrez-les d'une couche de préparation au crabe. Recommencez 2 fois et terminez par 2 feuilles de lasagne.
Répartissez dessus la mozzarella en lamelles. Enfournez pour 15 à 20 minutes de cuisson jusqu'à l'obtention d'une jolie coloration. Servez bien chaud.

Lasagnes aux deux saumons

bon marché • facile à réaliser • préparation : 40 min • cuisson : 40 min • pour 4 personnes

1 plat à gratin
2 casseroles
1 poêle
1 torchon

8 feuilles de lasagne fraîches
200 g de saumon frais
4 tranches de saumon fumé
200 g de gros champignons de Paris
1 cuil. à soupe d'huile d'olive
50 cl de béchamel (recette p. 5)
1 sachet de court-bouillon
50 g de parmesan râpé
1 noix de beurre

1. Préchauffez le four à 180 °C (th. 6). Faites cuire les feuilles de lasagne 3 minutes dans une grande casserole d'eau bouillante salée. Égouttez-les et déposez-les sur un torchon propre.

2. Faites cuire le saumon frais 5 minutes dans une casserole d'eau bouillante avec le court-bouillon. Égouttez et réservez-le.

3. Épluchez les champignons de Paris et émincez-les. Faites-les revenir dans une poêle avec l'huile d'olive. Beurrez un plat à gratin, déposez 2 feuilles de lasagne, une couche de champignons cuits, une de saumon cuit et une de saumon fumé tranché. Recouvrez d'une couche de sauce Béchamel. Réitérez l'opération 2 fois et terminez par 2 feuilles de lasagne et de la béchamel.

4. Saupoudrez de parmesan et enfournez pour 30 minutes de cuisson. Servez bien chaud.

variante

Ajoutez de l'aneth dans la poêlée de champignons pour donner plus d'arôme à l'ensemble.

truc de cuisinier

Préparez la sauce Béchamel en remplaçant la moitié du lait par du court-bouillon du poisson cuit.

Lasagnes en terrine de la mer

bon marché • facile à réaliser • préparation : 15 min • cuisson : 3 min • réfrigération : 3 h • pour 4 personnes

1 terrine
1 mixeur
1 casserole
1 torchon

8 feuilles de lasagne fraîches

2 boîtes de thon au naturel (200 g chaque)

20 cl de crème fraîche liquide

3 œufs

1 pincée de quatre-épices

1 noix de beurre

sel - poivre du moulin

Pour l'accompagnement :

12 tomates cerises

10 cl de crème fraîche liquide

4 brins de ciboulette

1. Égouttez le thon au naturel, émiettez-le et mixez-le avec la crème fraîche et les œufs jusqu'à l'obtention d'une crème onctueuse (mais pas trop fluide). Salez, poivrez et ajoutez le quatre-épices.

2. Faites cuire les feuilles de lasagne dans une casserole d'eau bouillante salée pendant 3 minutes. Égouttez-les et déposez-les sur un torchon propre.

3. Graissez une terrine et déposez 2 feuilles de lasagne dans le fond, une couche de crème au thon, 2 feuilles de lasagne... Poursuivez l'opération et terminez par 2 feuilles de lasagne.

4. Placez au réfrigérateur au moins 3 heures, idéalement une nuit entière. Le lendemain, démoulez et servez avec quelques tomates cerises et une sauce à la crème et à la ciboulette ciselée.

variante

Remplacez le thon par tout autre poisson, c'est aussi bon !

truc de cuisinier

Procédez de la même manière pour monter les lasagnes en verrines et servir cette recette de manière individuelle.

Lasagnes fumées

bon marché • facile à réaliser • préparation : 40 min • cuisson : 1 h 10 • pour 4 personnes

1 plat à gratin
2 sauteuses
1 casserole
1 torchon

8 feuilles de lasagne fraîches

250 g de bœuf haché

150 g de chair à saucisse

1 boîte de tomates pelées (400 g)

1 bouteille de purée de tomates (40 cl)

50 cl de béchamel (recette p. 5)

1 oignon

1 carotte

1 branche de céleri

3 cuil. à soupe d'huile d'olive

1 noix de beurre

100 g de fromage râpé (gruyère, comté, parmesan...)

sel - poivre

1. Faites cuire les feuilles de lasagne 3 minutes dans de l'eau bouillante salée, égouttez-les et déposez-les sur un torchon propre. Lavez et hachez finement l'oignon, la carotte et la branche de céleri. Séparez le hachis de légumes en 2.

2. Faites revenir dans une sauteuse la moitié des légumes émincés avec 1 cuillerée à soupe d'huile d'olive et les tomates pelées. Ajoutez la purée de tomates, salez, poivrez et laissez revenir sur feu doux pendant 20 minutes en remuant régulièrement. Préchauffez le four à 200 °C (th. 6-7).

3. Faites chauffer le reste d'huile d'olive dans une autre poêle. Versez l'autre moitié de hachis de légumes, la chair à saucisse, mélangez et laissez cuire 5 minutes. Ajoutez ensuite le bœuf haché, mélangez et poursuivez la cuisson 5 minutes. Assaisonnez. Quand les viandes sont cuites, ajoutez-les à la béchamel préalablement préparée.

4. Beurrez le fond d'un plat à gratin, déposez 2 feuilles de lasagne, une couche de sauce tomate préparée, une de béchamel à la viande et poursuivez l'opération pour terminer par 2 feuilles de lasagne et de la béchamel. Recouvrez de fromage râpé et enfournez pour 35 à 40 minutes.

variante

Remplacez le fromage à gratiner par de la mozzarella découpée en morceaux que vous déposez sur le plat 5 minutes avant la fin de la cuisson des lasagnes.

truc de cuisinier

Ajoutez des feuilles de basilic dans les étages des lasagnes après la couche de béchamel à la viande.

Lasagnes au potimarron

bon marché • facile à réaliser • préparation : 30 min • cuisson : 1 h 05 • pour 4 personnes

2 sauteuses
1 casserole
1 torchon
1 plat à gratin
1 fourchette

8 feuilles de lasagne fraîches
300 g de potimarron
500 g de bœuf haché
250 g de ricotta
50 cl de béchamel (recette p. 5)
3 gousses d'ail
1 échalote
1 carotte
50 cl de sauce tomate
4 cuil. à soupe d'huile d'olive
1 branche de thym
2 brins de basilic frais
1 pincée de noix de muscade
1 noix de beurre
sel - poivre du moulin

1 Faites revenir, dans une sauteuse, l'échalote épluchée et émincée dans 2 cuillerées à soupe d'huile d'olive. Ajoutez la carotte épluchée et coupée en petits morceaux, l'ail non épluché et le bœuf haché. Poivrez, ajoutez le thym et le basilic. Versez la sauce tomate, mélangez et laissez mijoter pendant 15 minutes à feu doux. Ôtez l'ail et le thym.

2 Faites revenir le potimarron épluché et coupé en petits morceaux avec 2 cuillerées à soupe d'huile d'olive. Assaisonnez de sel, poivre et noix de muscade. Ajoutez 2 cuillerées à soupe d'eau et couvrez. Laissez cuire doucement pendant 10 minutes. Vérifiez la cuisson du potimarron à l'aide de la pointe d'un couteau. Ajoutez la ricotta et mélangez bien à la fourchette. Préchauffez le four à 200 °C (th. 6-7).

3 Faites cuire les feuilles de lasagne 3 minutes dans de l'eau bouillante salée, égouttez-les et déposez-les sur un torchon propre. Beurrez le fond d'un plat à gratin. Déposez 2 feuilles de lasagne, puis une couche de sauce bolognaise, une de béchamel et une couche de potimarron. Réitérez l'opération en terminant par une fine couche de béchamel.

4 Enfournez pour 40 minutes de cuisson. Servez bien chaud avec une belle salade.

variante

Ajoutez au potimarron du fromage bleu doux (type Saint-Agur) pour une recette encore plus complète.

truc de cuisinier

Faites cuire les lasagnes dans des bocaux en verre pour un rendu chic et festif.

Lasagnes de moussaka

bon marché • facile à réaliser • préparation : 40 min • cuisson : 50 min • pour 4 personnes

1 plat à gratin
2 poêles
1 casserole
1 torchon

8 feuilles de lasagne fraîches

2 grosses aubergines

400 g de bœuf haché

1 petite boîte de sauce tomate (200 g)

2 oignons

50 cl de béchamel (recette p. 5)

100 g de fromage râpé

5 brins de basilic frais

1 poignée de gros sel

3 cuil. à soupe d'huile d'olive

1 noix de beurre

sel - poivre du moulin

1 Préchauffez le four à 180 °C (th. 6). Lavez et coupez les aubergines en petits cubes, sans les éplucher, puis faites-les dégorger dans un plat avec du gros sel. Faites cuire les feuilles de lasagne 3 minutes dans de l'eau bouillante salée, égouttez-les et déposez-les sur un torchon propre.

2 Épluchez et émincez les oignons. Faites-les revenir dans une poêle avec 1 cuillerée à soupe d'huile d'olive. Quand ils sont dorés, ajoutez le bœuf haché, la sauce tomate et le basilic émincé. Salez, poivrez et mélangez. Laissez revenir sur feu doux pendant 5 minutes.

3 Dans une seconde poêle, faites revenir sur feu doux les aubergines rincées dans 2 cuillerées à soupe d'huile d'olive pendant 10 minutes environ. Ajoutez le fromage râpé à la sauce Béchamel.

4 Beurrez le plat à gratin, déposez 2 feuilles de lasagne au fond, puis une couche d'aubergines cuites, une de viande à la tomate et une de béchamel au fromage. Répétez 2 fois l'opération et terminez par 2 feuilles de lasagne et une dernière couche de béchamel. Enfournez pour 30 à 35 minutes de cuisson. Servez bien chaud.

variante

Remplacez la viande de bœuf par de la viande de mouton pour un plat plus typé, plus corsé.

truc de cuisinier

Préparez cette recette à l'avance ou en grande quantité, et congelez des portions individuelles, à utiliser en toutes occasions.

Lasagnes de ratatouille

bon marché • facile à réaliser • préparation : 20 min • cuisson : 40 min • pour 4 personnes

1 plat à gratin
2 poêles
1 casserole
1 torchon

8 feuilles de lasagne fraîches

400 g de bœuf haché

500 g de ratatouille (de la veille, en pot, surgelée...)

50 cl de béchamel (recette p. 5)

2 oignons

100 g de parmesan

3 cuil. à soupe d'huile d'olive

1 noix de beurre

sel - poivre du moulin

1. Préchauffez le four à 210 °C (th. 7). Faites revenir la ratatouille dans une poêle avec 2 cuillerées à soupe d'huile d'olive.

2. Dans une seconde poêle, faites dorer les oignons épluchés et émincés avec 1 cuillerée à soupe d'huile d'olive. Ajoutez la viande hachée, mélangez et laissez cuire 5 minutes. Salez, poivrez, réservez.

3. Faites cuire les feuilles de lasagne 3 minutes dans une casserole d'eau bouillante salée, égouttez-les et déposez-les sur un torchon propre sans les superposer.

4. Beurrez le fond du plat à gratin, déposez 2 feuilles de lasagne, puis une couche de ratatouille, une de viande cuite et une de sauce Béchamel. Répétez 2 fois l'opération et terminez par 2 feuilles de lasagne et une couche de béchamel. Saupoudrez de parmesan et enfournez pour 30 minutes.

variante

Remplacez le parmesan par du fromage de chèvre, c'est également délicieux !

truc de cuisinier

Gagnez du temps en utilisant un sachet de légumes à ratatouille prêt à l'emploi au rayon surgelé.

Lasagnes en terrine de légumes

bon marché • facile à réaliser • préparation : 15 min • cuisson : 30 min • réfrigération : 3 h • pour 4 personnes

1 terrine en verre
1 mixeur
1 cuit-vapeur
1 poêle
1 casserole
1 torchon

8 feuilles de lasagne
6 carottes
1 beau bouquet de brocoli
30 cl de crème fraîche
100 g de parmesan
3 jaunes d'œufs
1 c. à c. de cumin en poudre
2 c. à s. d'huile d'olive
1 noix de beurre
sel - poivre du moulin

1 Épluchez les carottes et découpez-les en rondelles. Faites-les revenir dans une poêle pendant 15 minutes avec l'huile d'olive. Ajoutez un peu d'eau si nécessaire pour éviter que les carottes accrochent.

2 Séparez le bouquet de brocoli en fleurettes et faites-les cuire 10 minutes au cuit-vapeur. Vérifiez la cuisson avec la pointe d'un couteau. Faites cuire les feuilles de lasagne 3 minutes dans une casserole d'eau bouillante salée. Égouttez-les et déposez-les sur un torchon propre.

3 Mixez les carottes avec 20 cl de crème fraîche, 2 jaunes d'œufs et le cumin. Salez, poivrez puis réservez. Mixez le brocoli cuit avec le reste de crème, le parmesan et 1 jaune d'œuf (il faut que cela fasse de la compotée pas trop fluide). Salez, poivrez et mélangez bien.

4 Beurrez la terrine, déposez 2 feuilles de lasagne, une couche de carottes, 2 feuilles de lasagne, une couche de brocoli, 2 feuilles de lasagne, une nouvelle couche de carottes, une autre de brocoli et terminez par 2 feuilles de lasagne. Tassez la terrine et réservez-la au moins 3 heures au réfrigérateur avant de servir.

variante

Remplacez les brocolis et les carottes par des asperges en boîte pour une terrine tout en douceur.

truc de cuisinier

Démoulez la terrine au moment de la présenter et servez avec quelques feuilles de mesclun et du vinaigre balsamique.

Lasagnes en terrine de viande

bon marché • facile à réaliser • préparation : 15 min • cuisson : 3 min • réfrigération : 3 h • pour 4 personnes

1 saladier
1 terrine
1 hachoir
1 casserole
1 torchon

8 feuilles de lasagne fraîches

600 g de viande froide cuite (poulet, bœuf, veau, porc...)

5 brins de persil plat

2 échalotes

1 sachet de gelée au madère

1 noix de beurre

sel - poivre du moulin

1 Préparez la gelée comme indiqué sur l'emballage. Hachez le persil. Épluchez et hachez les échalotes.

2 Hachez la viande pour obtenir des morceaux ni trop petits ni trop gros. Mélangez-les dans un saladier avec le persil et les échalotes. Salez, poivrez et remuez bien.

3 Faites cuire les feuilles de lasagne fraîches 3 minutes dans une casserole d'eau bouillante salée. Égouttez-les et déposez-les sur un torchon propre.

4 Beurrez une terrine, déposez 2 feuilles de lasagne, un tiers de la viande, 2 feuilles de lasagne, etc. Terminez par 2 feuilles de lasagne. Recouvrez le tout avec la gelée au madère et réfrigérez au moins 3 heures.

variante

Proposez cette recette en apéritif, sous forme de brochettes, avec une tomate cerise et un cube d'emmental.

truc de cuisinier

Les terrines sont bien meilleures préparées la veille. Anticipez !

Lasagnes au poulet et à la feta

bon marché • facile à réaliser • préparation : 45 min • cuisson : 1 h • pour 4 personnes

1 plat à gratin - 1 spatule
1 sauteuse - 1 casserole
1 torchon

8 feuilles de lasagne
400 g de blancs de poulet
200 g de feta
1 oignon - 20 cl de vin blanc
50 cl de béchamel (recette p. 5)
50 cl de sauce tomate
30 g de parmesan râpé
2 c. à s. d'huile d'olive
3 feuilles de basilic
sel - poivre du moulin

Faites cuire les lasagnes 3 minutes dans de l'eau bouillante salée, égouttez-les et déposez-les sur un torchon propre.
Émiettez la feta. Émincez le basilic. Épluchez et émincez l'oignon. Faites-le revenir dans une sauteuse avec 1 cuillerée à soupe d'huile d'olive. Coupez les blancs de poulet en morceaux. Faites-les revenir avec l'oignon 10 à 15 minutes. Versez le vin blanc et poursuivez la cuisson 5 minutes environ. Ajoutez la sauce tomate et remuez à l'aide d'une cuillère en bois. Salez, poivrez selon le goût. Préchauffez le four à 200 °C (th. 6-7).

Graissez le fond du plat à gratin avec le reste d'huile d'olive, puis déposez 2 feuilles de lasagne, une couche de sauce tomate au poulet, un peu de basilic, de la feta, du basilic à nouveau et une couche de béchamel. Recommencez l'opération 2 fois et terminez par 2 feuilles de lasagne et du parmesan râpé. Enfournez pour 35 à 40 minutes, jusqu'à l'obtention d'une jolie couleur dorée. Servez bien chaud avec du mesclun aromatisé à l'huile d'olive.

Lasagnes au jambon de pays et au bleu

bon marché • facile à réaliser • préparation : 15 min • cuisson : 30 min • pour 4 personnes

1 plat à gratin
1 casserole
1 torchon

8 feuilles de lasagne
50 cl de béchamel (recette p. 5)
200 g de fromage bleu (auvergne, roquefort ou gorgonzola)
6 tranches fines de jambon de pays
1 noix de beurre
sel - poivre du moulin

Préchauffez le four à 200 °C (th. 6-7). Faites cuire les lasagnes 3 minutes dans de l'eau bouillante salée, égouttez-les et déposez-les sur un torchon propre. Mélangez le fromage coupé en morceaux à la sauce Béchamel déjà préparée.

Beurrez un plat à gratin, déposez 2 feuilles de lasagne dans le fond du plat, puis 2 tranches de jambon de pays, une couche de sauce Béchamel au fromage. Répétez 2 fois l'opération et terminez par de la béchamel.

Enfournez pour 20 à 25 minutes de cuisson. Servez chaud.

Lasagnes au jambon et aux petits pois

bon marché • facile à réaliser • préparation : 20 min • cuisson : 35 min • pour 4 personnes

1 plat à gratin
2 casseroles
1 torchon

8 feuilles de lasagne fraîches

50 cl de béchamel (recette p. 5)

400 g de petits pois (surgelés ou en conserve)

400 g de champignons (frais ou en boîte)

4 tranches de jambon blanc

3 œufs durs

100 g de fromage râpé (ou de parmesan)

1 Préchauffez le four à 200 °C (th. 6-7). Faites cuire les lasagnes 3 minutes dans une casserole d'eau bouillante salée, égouttez-les et déposez-les sur un torchon propre sans les superposer. Coupez le jambon en morceaux. Épluchez les champignons et émincez-les.

2 Déposez dans le fond du plat à lasagnes une fine couche de sauce Béchamel, puis 2 feuilles de lasagne, des morceaux de jambon, des petits pois et des champignons, puis 2 moitiés d'œufs durs déposées dans la longueur.

3 Recouvrez de sauce Béchamel puis de 2 feuilles de lasagne. Reproduisez 2 fois l'opération et terminez par 2 feuilles de lasagne et de la sauce Béchamel. Recouvrez de parmesan ou de gruyère râpé.

4 Enfournez pour 30 minutes de cuisson. Servez bien chaud avec une salade de scarole au vinaigre ancien.

variante

Ajoutez une petite boîte de concentré de tomate à la sauce Béchamel pour donner plus de couleur à l'ensemble.

truc de cuisinier

Les légumes ont toujours plus de goût s'ils sont frais. Si vous avez du temps, n'hésitez pas, petits pois du potager et champignons n'en seront que meilleurs.

Lasagnes aux cèpes et à la ricotta

coût moyen • facile à réaliser • préparation : 20 min • cuisson : 50 min • pour 4 personnes

1 poêle
1 plat à gratin
1 casserole
1 torchon

8 feuilles de lasagne fraîches

450 g de cèpes (frais ou surgelés)

1 oignon

1 gousse d'ail

50 cl de béchamel (recette p. 5)

200 g de ricotta

100 g de gruyère râpé

5 branches de persil plat

1 pincée de noix de muscade

1 c. à s. d'huile d'olive

sel - poivre du moulin

1 Brossez les cèpes s'ils sont frais, sinon décongelez-les. Épluchez et émincez l'oignon, puis faites-le revenir dans une poêle avec l'huile d'olive. Ajoutez la gousse d'ail écrasée et les champignons coupés en morceaux. Faites cuire 10 minutes environ. L'eau des champignons doit être évaporée. Salez, poivrez et ajoutez le persil ciselé. Poursuivez la cuisson 5 minutes environ.

2 Faites cuire les feuilles de lasagne 3 minutes dans une grande casserole d'eau bouillante salée. Égouttez-les et déposez-les sur un torchon propre. Préchauffez le four à 180 °C (th. 6).

3 Mélangez la ricotta égouttée et émiettée à la sauce Béchamel. Déposez-en dans le fond du plat à gratin. Posez 2 feuilles de lasagne puis une couche de champignons, de la sauce Béchamel, du gruyère râpé. Recommencez 2 fois l'opération et terminez par du fromage.

4 Enfournez pour 30 à 35 minutes de cuisson jusqu'à l'obtention d'une jolie couleur dorée. Servez bien chaud avec une salade aromatisée au vinaigre de framboise, par exemple.

variante

Mélangez différents champignons des bois (cèpes, girolles...) pour un rendu plus parfumé.

truc de cuisinier

Ne lavez pas les champignons quand ils sont frais ou fraîchement cueillis, cela risquerait de les gorger d'eau.

Mamma miam !

Mange ta soupe !

Mes p'tits biscuits

Mille et une pâtes

Mini-brochettes

Mini-cocottes & Co

Mini-vapeur

Mini verres, maxi délices !

Mon p'tit bistrot

Oh mon gâteau !

Papillote surprise

Petites crèmes
et tiramisus !

Prenez-en
de la graine' !

Raconte-moi
des salades !

Recettes pour bébé

Slunch

So crumble !

Soirée mousse

Soupes !

Sublimes terrines

Sur un air de cappuccino

Sushi & sa chimie

Tatins renversantes

Tronche de cake

Ultra-fondant

Un amour de dîner

Une cuillère
pour maman

Un parfum de tajine

Verrines
Frisson garanti !

Verrines jolies, jolies

Verrines qui friment

Wok attitude

Wok'n roll

Yakitori entre amis

Yaourts tout doux